Inhaltsverzeichnis

Vorwort und Vorbemerkungen

Liebe Lehrkraft,

wer kennt das nicht? Grammatik muss ständig im Unterricht neu eingeführt, geübt und vertieft werden. Dazu sucht man sich in zahlreichen Lehrwerken und Übungsheften geeignetes Material zusammen und erstellt darüber hinaus noch eigene Arbeitsblätter. Schluss mit der Sucherei! In diesem Heft finden Sie zahlreiche differenzierte Übungen zu folgenden Themen:

- Präsens
- Präteritum
- Die Hilfsverben „haben“ und „sein“
- Perfekt
- Futur
- Alle Zeitformen

Die einzelnen Kapitel sind einheitlich aufgebaut. Zu Beginn steht die jeweilige Regel. Diese sollte vergrößert im Raum ausgehängt werden, damit alle Kinder während der Bearbeitung darauf zurückgreifen können.
Im Anschluss folgen auf die Themen abgestimmte Übungen in zwei Schwierigkeitsstufen (✎ leicht / ✎✎ anspruchsvoll – siehe rechter Seitenrand). Es können stets auch beide Übungen eingesetzt werden, da der textliche Inhalt der Aufgabenblätter nicht identisch ist.

Hinweis zu den Freiarbeitsmaterialien (ab S. 59):
Die Vorlagen werden auf farbiges Papier kopiert und anschließend laminiert. So können sie den Kindern in der Freiarbeitsecke zur Verfügung stehen. Je nach Leistungsstand der Klasse fertigt man aus den Karten ein oder zwei Spiele an.

Wir wünschen Ihnen viel Spaß und Erfolg mit unseren Materialien und hoffen, dass wir Ihnen damit das Suchen nach geeignetem Übungsmaterial erleichtern konnten.

Sonja Schneider und Katja Zigan

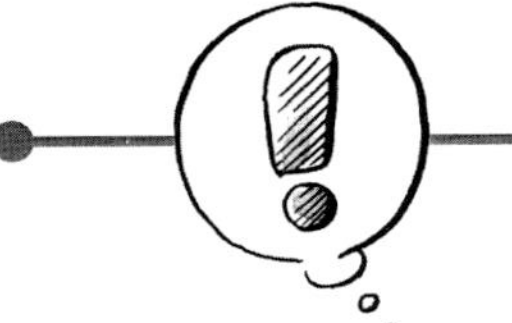

Präsens (Gegenwart)

Das **Präsens** (die Gegenwart) **beschreibt Ereignisse und Handlungen, die jetzt gerade geschehen,** also in der Gegenwart.

Beispiel:
Tim <u>geht</u> zur Schule.

Das Präsens wird auch benutzt bei **Ereignissen,** die **regelmäßig stattfinden.**
Beispiel:
Montags <u>gehe</u> ich immer zum Fußball.

Das Präsens beschreibt auch **Ereignisse,** die **erst stattfinden** (Zukunft), aber **fest vereinbart** sind.
Beispiel:
Am Montag <u>gehe</u> ich zu Tamina.

So wird das Präsens gebildet:
Die Endung der Grundform (-en) wird entfernt, die folgenden Endungen werden angehängt.

Regelmäßige Verben: Wortstamm + Endung

Singular	1. Person	ich	geh**e**
	2. Person	du	geh**st**
	3. Person	er, sie, es	geh**t**
Plural	1. Person	wir	geh**en**
	2. Person	ihr	geh**t**
	3. Person	sie	geh**en**

Unregelmäßige Verben:

		sein	**haben**
Singular	1. Person	ich **bin**	ich **habe**
	2. Person	du **bist**	du **hast**
	3. Person	er, sie, es **ist**	er, sie, es **hat**
Plural	1. Person	wir **sind**	wir **haben**
	2. Person	ihr **seid**	ihr **habt**
	3. Person	sie **sind**	sie **haben**

Name: ______________________ Datum: ______________

Übung 1 (Präsens)

Regelmäßige Verben

1. Fülle die Tabelle aus. Achte dabei auf die Endungen der Personalform.

Personalform	baden	kommen	schreiben
ich			
du			
er, sie, es			
wir			
ihr			
sie			

Unregelmäßige Verben

2. Fülle die Tabelle aus. Die Wörter unten helfen dir.

Personalform	helfen	laufen	lesen
ich			
du			
er, sie, es			
wir			
ihr			
sie			

helfe   lese   laufe   helfen   lest

hilfst   läuft   liest   lauft

lesen   helft   helfen   läufst   liest

laufen   laufen   lesen   hilft

Name: ______________________________ Datum: ______________

Übung 1 (Präsens)

1. Vervollständige die zehn Sätze im Präsens (Gegenwart).
   Schreibe sie auf die Linien.
2. Unterstreiche das Verb gelb. Benutze ein Lineal.

1. Im Urlaub ______________________________.
2. Im Zirkus ______________________________.
3. In der Schule ______________________________.
4. Der kleine Hase ______________________________.
5. In den Osterferien ______________________________.
6. Der freundliche Arzt ______________________________.
7. Heute ______________________________.
8. Der Briefträger ______________________________.
9. Das grüne Monster ______________________________.
10. In Omas Garten ______________________________.
11. Jeden Freitag ______________________________.
12. Im Winter ______________________________.
13. Samstags ______________________________.
14. Die Kinder der Klasse 4c ______________________________.
15. In den Sommerferien ______________________________.
16. Einmal in der Woche ______________________________.
17. In dem Buch ______________________________.

Name: ______________________ Datum: ______________

Übung 2 (Präsens)

1. Bilde sinnvolle Sätze.
2. Schreibe die Sätze auf die Linien.
3. Unterstreiche das Verb gelb. Benutze ein Lineal.

Am Morgen	gehen wir ins Schwimmbad.
Am Nachmittag	backt Marie mit ihrer Mutter Plätzchen.
Nächstes Wochenende	sammelt die Klasse 3b Kastanien.
Im Sommer	wachsen die Frühblüher aus der Erde.
Im Herbst	wasche ich mich und ziehe mich an.
Im Winter	schreiben wir in Deutsch eine Klassenarbeit.
Im Frühling	fahren wir in den Urlaub.
Übermorgen	haben viele Jungen ein Fußballspiel.
Morgen früh	beginnt Sophias Skikurs.

Name: ______________________________ Datum: ______________

Übung 2 (Präsens)

1. Setze das Verb im Präsens (Gegenwart) ein.

    1. Nächsten Samstag ____________ (gehen) ich mit meiner Freundin schwimmen.
    2. Im Herbst ____________ (fallen) die Blätter von den Bäumen.
    3. Am Nachmittag ____________ (treffen) sich Lisa mit ihrer Freundin Karla.
    4. Am Morgen ____________ (klingeln) der Wecker.
    5. Am Wochenende ____________ (schlafen) die Familie aus.
    6. Am Dienstag ____________ (enden) der Unterricht um 11.30 Uhr.
    7. An Weihnachten ____________ (kommen) Oma zu Besuch.
    8. Am Freitag ____________ (backen) Louis immer Pizza.
    9. Morgen ____________ (haben) die 4a Radfahrtraining.
    10. Im Sommer ____________ (scheinen) oft die Sonne.

2. Schreibe fünf weitere Sätze auf, in denen das Verb im Präsens steht und etwas in der Zukunft beschreibt.
3. Unterstreiche das Verb gelb. Benutze ein Lineal.

____

____

____

____

____

____

____

____

____

____

Name: ______________________ Datum: ______________

Übung 3 (Präsens)

1. In dem Suchsel sind 16 Verben im Infinitiv (Grundform) versteckt.
   Markiere sie farbig. Suche ➔ und ➔. Die Verben im Kasten helfen dir.

Z	E	S	S	E	N	Ü	W	A	S	C	H	E	N	P
M	A	C	V	T	R	A	G	E	N	G	E	K	L	S
A	Y	S	E	H	E	N	H	T	H	A	B	E	N	Ü
L	K	F	H	Ü	P	F	E	N	G	H	K	H	C	R
E	G	S	W	G	E	H	E	N	Q	L	O	E	P	E
N	H	E	P	T	N	V	N	M	T	A	M	L	Ü	N
K	J	I	Ü	R	E	D	E	N	M	U	M	F	Y	N
B	Q	N	D	F	G	H	J	K	L	F	E	E	L	E
N	R	I	E	C	H	E	N	V	F	E	N	N	K	N
F	I	N	D	E	N	Z	D	R	S	N	Z	B	H	J

essen	sehen	rennen	gehen	finden	kommen	laufen	helfen
tragen	waschen	malen	riechen	hüpfen	sein	reden	haben

2. Wähle vier Verben aus und fülle die Tabelle im Präsens (Gegenwart) aus.

ich				
du				
er, sie, es				
wir				
ihr				
sie				

Name: ______________________ Datum: ____________

Übung 3 (Präsens)

1. Verbinde die Satzteile sinnvoll miteinander.

schreiben	die Hausaufgaben
machen	eine Suppe
essen	einen Text
aufstehen	ein Brötchen
kaufen	ein neues Heft
brauchen	einen Film
fahren	ins Kino
anschauen	nach Italien
gehen	um sieben Uhr

2. Schreibe vollständige Sätze.

1. Ich schreibe einen Text.
2. Du ____________________
3. Er ____________________
4. Sie ____________________
5. Wir ____________________
6. Ihr ____________________
7. Sie ____________________
8. Ich ____________________
9. Du ____________________

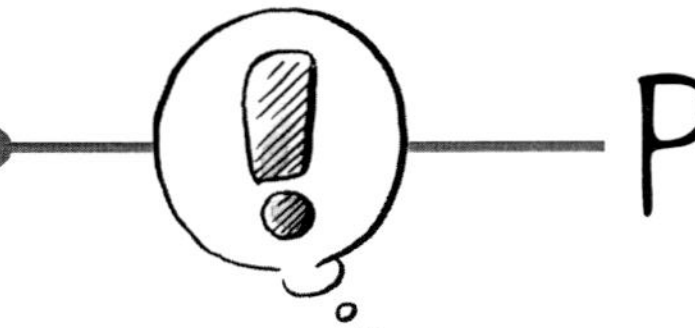

Präteritum (einfache Vergangenheit)

Regeln

Das **Präteritum** (einfache Vergangenheit) **beschreibt Ereignisse und Handlungen, die vergangen,** also schon **vorbei sind.**

Das Präteritum wird **hauptsächlich in der geschriebenen Sprache** verwendet.

Signalwörter, die auf die Vergangenheit hinweisen können, sind zum Beispiel:
gestern, vorgestern, letzten Dienstag, letzte Woche, vor einem Jahr usw.

Achtung! Bei unregelmäßigen Verben verändert sich der Wortstamm!

Beispiele: fahren – ich fuhr, denken – ich dachte, wissen – ich wusste, werden – ich wurde

Regelmäßige Verben:

Wortstamm + Präteritumendung

		sagen
Singular	1. Person	ich sag**te**
	2. Person	du sag**test**
	3. Person	er, sie, es sag**te**
Plural	1. Person	wir sag**ten**
	2. Person	ihr sag**tet**
	3. Person	sie sag**ten**

Unregelmäßige Verben:

		sein	haben
Singular	1. Person	ich **war**	ich **hatte**
	2. Person	du **warst**	du **hattest**
	3. Person	er, sie, es **war**	er, sie, es **hatte**
Plural	1. Person	wir **waren**	wir **hatten**
	2. Person	ihr **wart**	ihr **hattet**
	3. Person	sie **waren**	sie **hatten**

Name: ______________________ Datum: ______________

Übung 1 (Präteritum – regelmäßige Verben)

1. Unterstreiche alle Verben im Präsens (Gegenwart). Benutze ein Lineal.
2. Schreibe die Sätze im Präteritum (einfache Vergangenheit) auf.
   Die Verben im Kasten helfen dir dabei.

1. Ich spiele gerne mit meinen Freunden im Garten.

   ____

2. Du malst ein Bild mit bunten Blumen.

   ____

3. Er winkt dem Polizisten zu.

   ____

4. Sie macht ihre Hausaufgaben.

   ____

5. Es regnet schon die ganze Nacht.

   ____

6. Wir lachen über einen lustigen Witz.

   ____

7. Ihr rechnet eine schwierige Aufgabe.

   ____

8. Sie hüpfen um die Wette.

   ____

9. Kerem sagt laut: „Hurra!“

   ____

regnete rechnetet winkte hüpften maltest

lachten spielte sagte machte

Name: ______________________ Datum: ______________

Übung 1 (Präteritum – unregelmäßige Verben)

1. Unterstreiche alle Verben im Präsens (Gegenwart). Benutze ein Lineal.
2. Schreibe die Sätze im Präteritum (einfache Vergangenheit) auf.

1. Ich sehe ein rotes Auto.

____

2. Du nimmst deine Jacke von der Garderobe.

____

____

3. Er liest ein spannendes Buch.

____

4. Sie rennen um den Sportplatz.

____

5. Es scheint die Sonne.

____

6. Du gehst in die Schule.

____

7. Ihr Heft liegt auf dem Schreibtisch.

____

____

8. Sie bindet eine Schleife.

____

9. Zoe schreit laut: „Hurra!“

____

10. Herr Maier schließt die Tür ab.

____

Name: ________________________________ Datum: ________________

Übung 2 (Präteritum)

Setze die Verben, die im Präsens (Gegenwart) stehen, ins Präteritum (einfache Vergangenheit).

Letzte Woche (machen) ______________ wir einen Ausflug in den Zoo.

Mama (kauft) ______________ die Eintrittskarten und wir (freuen) ______________

uns sehr. Im Zoo (schauen) ______________ wir uns zuerst die Elefanten an.

Sie (spritzen) ______________ sich mit ihrem Rüssel nass.

Die Affen (toben) ______________ über die Felsen.

Die Delfine (machen) ______________ viele Kunststücke im Wasser.

Leider (regnet) ______________ es am Nachmittag.

Zu Hause (malt) ______________ meine Schwester ein Bild mit dem Tiger.

Ich (erzähle) ______________ meinem Freund von diesem tollen Tag.

BVK • Sonja Schneider / Katja Zigan: Grammatikprofi Band 2

✂ ……………………………………………………………………………………………

Name: ________________________________ Datum: ________________

Übung 2 (Präteritum – gemischte Verben)

Setze die Verben, die im Infinitiv (Grundform) stehen, ins Präteritum (einfache Vergangenheit).

Gestern Abend ______________ Jonas um 21 Uhr __________ (einschlafen).

Er ____________ (wälzen) sich im Bett hin und her. Plötzlich ______________

(erschrecken) Jonas und ____________ (sitzen) aufrecht im Bett. Verwirrt

______________ (umschauen) er sich in seinem Zimmer __________ .

Dann ______________ (entdecken) er am Fenster einen Schatten. Langsam

______________ (aufstehen) Jonas __________ und ______________ (schleichen)

zum Fenster. Als er die Vorhänge zur Seite ______________ (schieben),

__________ (sehen) er seine Katze Minka. Jonas ____________ (sein) erleichtert.

BVK • Sonja Schneider / Katja Zigan: Grammatikprofi Band 2

Name: ______________________ Datum: ______________

Übung 3 (Präteritum)

1. Lies den Text.

Unser Ausflug in den Zoo

Letzte Woche machten wir mit unserer Klasse einen Ausflug. Wir trafen uns morgens in der Schule und fuhren mit der Straßenbahn zum Zoo. Am Eingang kaufte Frau Meyer die Eintrittskarten. Danach erwartete uns ein Mitarbeiter des Zoos. Er zeigte uns die Tiere und erzählte uns viele spannende Geschichten. Um 11 Uhr fütterten wir die Seehunde. Das war ein tolles Erlebnis! Zum Schluss spielten wir fröhlich auf dem großen Spielplatz. Mit der Straßenbahn ging es dann wieder zurück zur Schule.

2. Trage die unterstrichenen Verben in die Tabelle ein.
Schreibe die Personalpronomen dazu.
Bilde das Präsens (Gegenwart).

Präteritum (einfache Vergangenheit)	Präsens (Gegenwart)
wir machten	wir machen

Name: ______________________ Datum: ______________

Übung 3 (Präteritum)

1. Unterstreiche alle Verben im Präteritum (einfache Vergangenheit) (16) mit Lineal gelb. Du findest auch zusammengesetzte Verben (z. B. schaute an, sieht aus …).

Das war knapp

Lilli fuhr mit ihrem neuen Fahrrad durch die Stadt. Sie war sehr stolz auf ihr neues Fahrrad. Ihre Eltern schenkten es ihr zu ihrem neunten Geburtstag. Die Sonne schien. Lilli radelte langsam durch die Straßen und schaute sich die Gegend an. Plötzlich rief eine bekannte Stimme: „Hallo Lilli, dein neues Fahrrad sieht aber toll aus!“ Yasmin, die beste Freundin von Lilli, winkte ihr auf der anderen Straßenseite zu. Lilli wollte zu ihr. Sie guckte sich nicht um! Doch da kam ein großes Auto auf sie zu. Der Fahrer bremste stark und stoppte den Wagen noch rechtzeitig. Lilli starrte den Fahrer erschrocken an. Yasmin rannte erleichtert zu ihrer Freundin.

2. Trage die unterstrichenen Verben in die Tabelle ein. Bilde das Präsens (Gegenwart) und den Infinitiv (Grundform). Achte auf die richtige Person aus dem Text.
Tipp: Es sind 16 Verben.

Präteritum	Präsens	Infinitiv
sie fuhr	sie fährt	fahren

Name: ______________________ Datum: ______________

Übung 4 (Präteritum)

1. In den Wörterschlangen sind insgesamt 15 Verben im Präteritum (einfache Vergangenheit) mit Personalpronomen versteckt. Trenne sie mit einem Strich.
2. Trage sie in die Tabelle ein. Schreibe den Infinitiv (Grundform) dazu.

ich|sah|dbcfgrtrjergingiopzfwirfandenbcvfghejasietrug

wefdufuhrstkiudihrsagtetlmnichwartetezqsierechnete

fgdulachtestqsawirerzähltendbihrwolltetlkiesregnete

ichwuschmxopaerspieltetzpjkzgdwgbisiebautexvabv

Präteritum (einfache Vergangenheit)	Infinitiv (Grundform)
ich sah	sehen

BVK • Sonja Schneider / Katja Zigan: Grammatikprofi Band 2

Name: ______________________ Datum: ______________

Übung 4 (Präteritum)

1. In dem Suchsel sind 15 Verben im Infinitiv (Grundform) versteckt. Suche ➔ und ➔ . Markiere sie farbig.

K	A	U	F	E	N	Q	H	S	U	M	A	L	E	N
Z	I	M	V	X	K	X	S	C	E	S	S	E	N	B
G	B	Ä	N	Q	O	Y	P	H	Q	R	D	M	N	X
P	S	H	S	R	M	C	I	A	L	E	G	L	J	S
R	C	E	P	E	M	I	E	U	Z	N	O	A	T	G
S	H	N	R	V	E	W	L	E	L	N	S	U	W	E
I	L	V	I	I	N	Z	E	N	Z	E	J	F	Q	H
N	A	C	N	J	L	G	N	D	M	N	T	E	M	E
G	F	A	G	I	L	E	S	E	N	B	H	N	X	N
E	E	P	E	G	S	Q	D	F	G	H	J	K	A	J
N	N	Y	N	F	V	R	T	R	I	N	K	E	N	H

2. Zeichne mit Bleistift und Lineal eine Tabelle in dein Heft. Schreibe die 15 Verben mit Personalpronomen in die Tabelle. Benutze für jedes Verb ein anderes Personalpronomen (ich, du, er, sie, es, wir, ihr, sie).

Beispiel:

Infinitiv (Grundform)	Präsens (Gegenwart)	Präteritum (einfache Vergangenheit)
essen	ich esse	ich aß
lesen	du	du
	er	er
	sie	sie
	es	es

3. Wähle zehn Verben mit Personalpronomen aus und bilde eigene Sätze im Präteritum. Schreibe sie in dein Heft.

Name: ______________________ Datum: ______________

Übung 1 (Präsens und Präteritum)

1. Immer zwei Verben gehören zusammen.
   Male die Pärchen in der gleichen Farbe an.
2. Schreibe die Pärchen zusammen auf.

Schreibe so: ich gehe – ich ging

ich gehe	es regnete	er malte	wir machten
sie schliefen	ich hörte	wir rechneten	sie sprang
sie fahren	er malt	es regnet	er läuft
ich höre	wir machen	ich ging	wir rechnen
sie springt	sie fuhren	er lief	sie schlafen

3. Ergänze die fehlende Verbform.
   Tipp: Das Wörterbuch kann dir helfen!

Präsens (Gegenwart)	Präteritum (einfache Vergangenheit)	Infinitiv (Grundform)
ich singe	ich	
ich male	ich	
ich renne	ich	
er schreibt	er	
er schließt	er	
er kommt	er	
sie geht	sie	
wir sprechen	wir	
wir essen	wir	

Name: ______________________________ Datum: ______________

Übung 1 (Präsens und Präteritum)

1. Setze die richtige Verbform ein. Achte auf die Signalwörter.

Gestern ________________ (gehen) Tim ins Schwimmbad.

Heute ________________ (spielen) Luise mit ihrer Freundin im Garten.

Gestern ________________ (fahren) Paul nach Italien.

Vor drei Jahren ________________ (kommen) ich in die Schule.

Jeden Mittwoch ________________ (haben) Jette Klavierunterricht.

Freitags ______________ (machen) wir mit der ganzen Familie einen Kinoabend.

Vorgestern ____________________ (übernachten) Kim und Tom bei ihrer Tante.

Ich ________________ (schreiben) jetzt einen Brief an meine Freundin.

Immer wenn Leo ein Geräusch ____________ (hören), ____________ (klopfen) sein Herz ganz laut.

2. Schreibe die Verbformen in die richtige Spalte.
Ergänze die fehlende Verbform. Schreibe das Personalpronomen dazu.
Tipp: Das Wörterbuch kann dir helfen.

Präsens (Gegenwart)	Präteritum (einfache Vergangenheit)	Infinitiv (Grundform)
er geht	er ging	gehen

Name: ______________________________ Datum: ______________

Übung 2 (einen Text ins Präteritum umschreiben)

Schreibe den Text im Präteritum (einfache Vergangenheit) in dein Heft.

Ein Tag im Freibad

Pepe wacht früh auf. Er freut sich auf einen Tag im Freibad mit seinen Freunden. Nach dem Frühstück kommt Toni mit dem Fahrrad vorbei. Pepe packt schnell seine Badesachen und holt sein Fahrrad aus der Garage. Zusammen fahren sie zum Schwimmbad, wo die anderen Kinder schon warten. Sie suchen sich einen Platz auf der Wiese. Dann geht es los ins Wasser. Sie schwimmen und rutschen den ganzen Tag. Alex bringt seinen neuen Ball mit und alle spielen Wasserball. Viel zu schnell ist der schöne Tag zu Ende und die Kinder müssen nach Hause fahren.

Name: ______________________________ Datum: ______________

Übung 2 (einen Text ins Präteritum umschreiben)

1. Unterstreiche alle Verben (13) gelb. Benutze ein Lineal.
2. Schreibe den Text im Präteritum (einfache Vergangenheit) auf.
   Schreibe in dein Heft.

Der Ausflug zum Bauernhof

Die Klasse 4a macht einen Ausflug zum Bauernhof. Die Kinder treffen sich um 8 Uhr im Klassenraum und fahren dann mit dem Bus. Alle Kinder haben einen Rucksack mit Getränken und Essen dabei. Nach 30 Minuten sind sie endlich da. Die Kinder mischen das Futter für die Tiere und säubern die Tierställe. Auch die Hühner und Schweine füttern sie. Danach bringen sie die Kühe auf die Weide. Während einer Pause stellt die Klasse dem Bauern viele Fragen. Anschließend reiten einige Kinder auf den Pferden. Die anderen Kinder spielen Verstecken im Heu. Um 14 Uhr kommen die Kinder wieder in der Schule an.

BVK • Sonja Schneider / Katja Zigan: Grammatikprofi Band 2

Name: ______________________ Datum: ______________

Übung 3 (Präsens und Präteritum)

1. Steht der Satz im Präsens (Gegenwart) oder Präteritum (einfache Vergangenheit)? Kreuze an und unterstreiche die Verben gelb. Benutze ein Lineal.

	Präsens (Gegenwart)	**Präteritum (einfache Vergangenheit)**
Opa kommt uns heute besuchen.		
Vanessa kam zu spät zur Schule.		
Oma arbeitete früher oft im Garten.		
Mama arbeitet jetzt im Büro.		
Tobias ist wütend auf seine Schwester Karla.		
Ich war krank.		
Wir sitzen leise im Klassenraum.		
Johanna und Pia saßen gestern auf einer Bank im Park.		
Die Kinder sangen jeden Morgen im Kreis.		
Monika und Tom singen alle Lieder mit.		
Jan hatte Kopfschmerzen.		
Der Junge hat viele Spielsachen.		
Die Freunde trafen sich gestern an der Kirche.		
Die Mädchen treffen sich zum Spielen.		
Sie machen eine kleine Pause.		
Lena und Paul machten viele Späße.		

2. Schreibe die Verben im Präsens (Gegenwart) auf die Linien. Schreibe das passende Verb im Präteritum (einfache Vergangenheit) dazu.

kommt – kam ______________________

______________________ ______________________

______________________ ______________________

______________________ ______________________

Name: ______________________ Datum: ______________

Übung 3 (Präsens und Präteritum)

1. Steht das Verb im Präsens (Gegenwart) oder Präteritum (einfache Vergangenheit)? Kreuze an. Unterstreiche die Verben gelb. Benutze ein Lineal.

	Präsens (Gegenwart)	Präteritum (einfache Vergangenheit)
Oma geht heute ins Theater.		
Sahil kaufte für das Mittagessen ein.		
Opa pflanzte früher oft Blumen in den Garten.		
Papa arbeitet jetzt im Büro.		
Tom ist wütend auf seine Mutter.		
Der Postbote brachte das Paket.		
Wir arbeiten leise im Klassenraum.		
Kim und Marie spielten gestern zusammen im Park.		
Die Kinder erzählten jeden Morgen im Kreis.		
Paul singt alle Lieder mit.		
Er fiel auf seine Knie.		
Der Junge hat viele Spielautos.		
Die Kinder malten ein Bild für die Klassenlehrerin.		
Ihr lacht über den Witz des Clowns.		
Sie turnen in der Sporthalle.		
Lina und Marit fanden einen Schatz.		

2. Zeichne eine Tabelle in dein Heft. Schreibe die Verben im Präsens in die Tabelle. Schreibe das passende Verb im Präteritum dazu. Das Beispiel hilft dir.

Beispiel:

Präsens	Präteritum
geht	ging

3. Wähle fünf Verben im Präsens aus. Schreibe mit jedem Verb einen Satz in dein Heft. Schreibe deine Sätze dann ins Präteritum um.

Die Hilfsverben „haben" und „sein"

Regeln

Die besonderen Verben „haben“ und „sein“

Die Verben „haben“ und „sein“ sind Hilfsverben.
Sie gehören zu den unregelmäßigen Verben.

Um das **Perfekt** (zusammengesetzte Vergangenheit) zu bilden, werden die **Hilfsverben „haben“ und „sein“** benötigt.
Sie stehen nach dem Nomen / Personalpronomen.

haben

Singular	1. Person	ich	**habe** gegessen
	2. Person	du	**hast** gegessen
	3. Person	er, sie, es	**hat** gegessen
Plural	1. Person	wir	**haben** gegessen
	2. Person	ihr	**habt** gegessen
	3. Person	sie	**haben** gegessen

sein

Singular	1. Person	ich	**bin** gelaufen
	2. Person	du	**bist** gelaufen
	3. Person	er, sie, es	**ist** gelaufen
Plural	1. Person	wir	**sind** gelaufen
	2. Person	ihr	**seid** gelaufen
	3. Person	sie	**sind** gelaufen

Name: ______________________________ Datum: ______________

Übung 1 (Verb „haben“)

1. Trage das Verb „haben“ in die Tabellen ein.

Präsens (Gegenwart)

Singular	1. Person	ich habe
	2. Person	du
	3. Person	er, sie, es
Plural	1. Person	wir
	2. Person	ihr
	3. Person	sie

Präteritum (einfache Vergangenheit)

Singular	1. Person	ich hatte
	2. Person	du
	3. Person	er, sie, es
Plural	1. Person	wir
	2. Person	ihr
	3. Person	sie

2. Schreibe fünf Sätze mit dem Hilfsverb „haben“ auf die Linien. Unterstreiche das Verb gelb. Benutze ein Lineal.

1. ______________________________
2. ______________________________
3. ______________________________
4. ______________________________
5. ______________________________

Name: ____________________ Datum: ____________

Übung 1 (Verb „haben“)

Lies die Sprechblasen.
Schreibe die richtigen Formen des Verbs „haben“ in die Lücken.

Schau mal, ich ______ einen roten Stift.

Leihst du mir den roten Stift?
Ich ______ keinen.

Klar, hier! Du kannst ihn ______ .

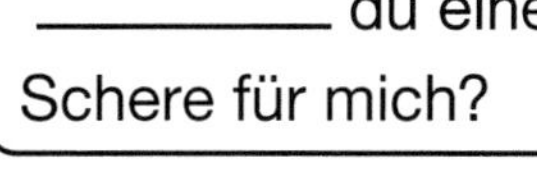

______ du eine Schere für mich?

Nein, ich ______ keine Schere.
Aber Lisa ______ eine Schere.

Wo ______ du die grüne Pappe?

______ du gesehen? Wir ______ keine Hausaufgaben auf.

BVK • Sonja Schneider / Katja Zigan: Grammatikprofi Band 2

Name: ______________________ Datum: ______________

Übung 2 (Verb „sein“)

1. Trage das Verb „sein“ in die Tabellen ein.

Präsens (Gegenwart)

Singular	1. Person	ich bin
	2. Person	du
	3. Person	er, sie, es
Plural	1. Person	wir
	2. Person	ihr
	3. Person	sie

Präteritum (einfache Vergangenheit)

Singular	1. Person	ich war
	2. Person	du
	3. Person	er, sie, es
Plural	1. Person	wir
	2. Person	ihr
	3. Person	sie

2. Schreibe fünf Sätze mit dem Hilfsverb „sein“ auf die Linien. Unterstreiche das Verb gelb. Benutze ein Lineal.

1. ______________________
2. ______________________
3. ______________________
4. ______________________
5. ______________________

Name: ______________________________ Datum: ________________

Übung 2 (Verb „sein“)

Lies die Sprechblasen.
Schreibe die richtigen Formen des Verbs „sein“ in die Lücken.

Die Löwen ________ aber riesig.

Schau mal! Die Giraffen ________ meine Lieblingstiere.

Oh! Das Affenbaby ________ aber süß.

Ja, das Äffchen ________ so klein.

Ich ________ auch ein Äffchen. Ha, ha!

Du ________ ein ganz verrücktes Äffchen.

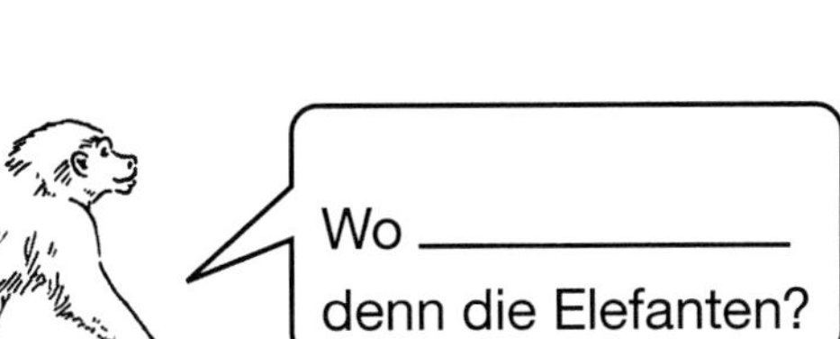

Wo ________ denn die Elefanten?

Ihr ________ schon am Elefantengehege vorbeigelaufen.

Wir ________ bei den Nilpferden.

Die Nilpferde ________ aber groß!

Wenn ihr mich sucht, ich ________ bei den Seehunden.

O. k., dann weiß ich, wo du ________ .

Die Erdmännchen ________ meine Lieblingstiere.

________ ihr schon da?

BVK • Sonja Schneider / Katja Zigan: Grammatikprofi Band 2

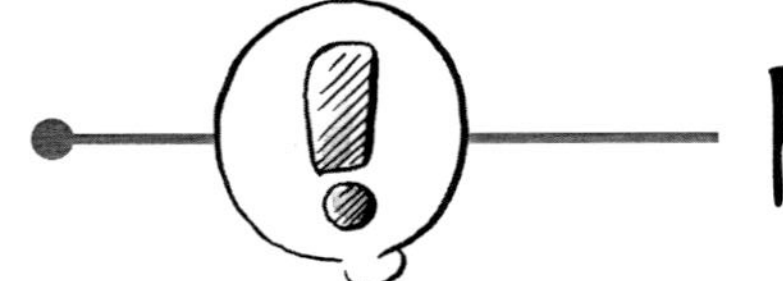

Perfekt (zusammengesetzte Vergangenheit)

Regeln

Das **Perfekt** (zusammengesetzte Vergangenheit) **beschreibt Ereignisse und Handlungen, die bereits geschehen sind,** oder einen erreichten Zustand.

Das Perfekt **wird hauptsächlich in der gesprochenen Sprache verwendet.**

Beispiel:
Meine Mutter hat eine Pizza gebacken.
Tina ist endlich das Experiment gelungen.

Das **Perfekt besteht aus zwei Teilen,** dem Hilfsverb „haben" oder „sein" und dem Partizip 2.

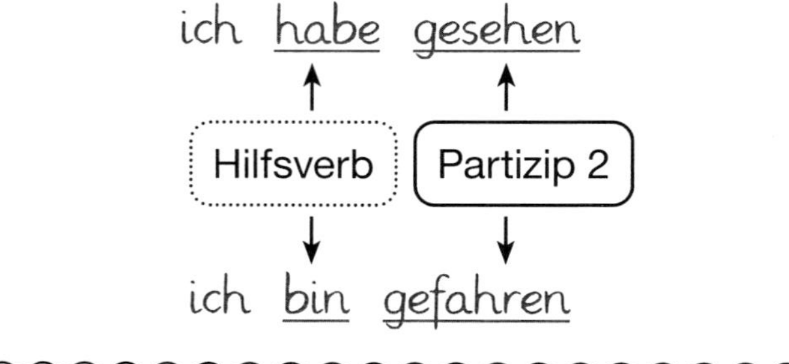

Die Position des Perfekts im Satz:

Hilfsverb: 2. Wort im Satz
Partizip 2: letztes Wort im Satz

Ich habe gestern den ganzen Tag gelernt.

Hilfsverb → habe / ist; Partizip 2 → gelernt / gefahren

Er ist letzten Sommer viel Fahrrad gefahren.

Name: ______________________ Datum: ______________

Übung 1 (Perfekt)

1. Unterstreiche die Verben im Perfekt (zusammengesetzte Vergangenheit) gelb. Benutze ein Lineal.

    1. Tina ist am Wochenende zu ihrer Cousine gefahren.
    2. Meine Schwester und ich sind zum Arzt gegangen.
    3. Gestern hat es den ganzen Tag geregnet.
    4. In den Ferien sind wir jeden Tag Fahrrad gefahren.
    5. Im letzten Schuljahr hat die Klasse 3b viele Ausflüge gemacht.
    6. Jonas und Milan haben zusammen drei Teller Nudeln gegessen.
    7. Mama hat für die Kinder leckeres Obst auf dem Markt eingekauft.
    8. Vor einer Woche hat Kerem seine erste Mathematikarbeit geschrieben.
    9. In der Weihnachtszeit hat Oma sehr viele Weihnachtsplätzchen gebacken.
    10. Am Meer haben sich einige Möwen um ein Stückchen Broten gestritten.
    11. Beim Skifahren hat Fritz zuerst eine Skischule besucht.
    12. Letzten Donnerstag haben viele Kinder eine Laterne gebastelt.
    13. Der Schulchor hat beim Gesangswettbewerb einen Preis gewonnen.
    14. Bei den Bundesjugendspielen ist Daniel der schnellste Läufer gewesen.
    15. Während der Geburtstagsfeier ist Emma der Kuchen hingefallen.

2. Zeichne eine Tabelle in dein Heft.
   Schreibe die Perfektformen in die Tabelle und bilde den Infinitiv (Grundform).

Beispiel:

Perfekt (zusammengesetzte Vergangenheit)	**Infinitiv (Grundform)**
ist gefahren	fahren

BVK • Sonja Schneider / Katja Zigan: Grammatikprofi Band 2

Name: ______________________ Datum: ______________

Übung 1 (Perfekt)

1. Schreibe die Sätze in der Ich-Form im Perfekt (zusammengesetzte Vergangenheit) auf.
2. Unterstreiche das Perfekt gelb. Benutze ein Lineal.

Am Montag ______________________________.
(Wäsche waschen)

Am Dienstag ______________________________.
(Tante besuchen)

Am Mittwoch ______________________________.
(mit Freunden spielen)

Am Donnerstag ______________________________.
(einkaufen)

Am Freitag ______________________________.
(schwimmen)

Am Samstag ______________________________.
(lange schlafen)

Am Sonntag ______________________________.
(im Park spazieren gehen)

3. Schreibe die Verbformen mit den Personalpronomen in eine Tabelle in dein Heft.

Beispiel:

Infinitiv (Grundform)	Perfekt (zusammengesetzte Vergangenheit)	Präteritum (einfache Vergangenheit)
waschen	ich habe gewaschen	ich wusch

Name: ______________________ Datum: ______________

Übung 2 (Perfekt)

1. Bilde aus den Satzgliedern sinnvolle Sätze.
   Schreibe sie auf die Linien.
2. Unterstreiche das Perfekt (zusammengesetzte Vergangenheit) gelb.
   Benutze ein Lineal.

Tim und seine Mutter	hat	gestern nach Paris	gekauft.
Luisa	sind	sich um 14 Uhr vor der Kirche	gesehen.
Im Kino	hat	wir einen spannenden Film	geflogen.
Ihr	haben	zwei Kinder aus einem brennenden Haus	gefahren.
Der Feuerwehrmann	haben	zusammen ins Schwimmbad	getroffen.
Die Freunde	seid	sich ein Stofftier	gerettet.

____

____

____

____

____

____

____

____

____

____

____

____

Name: ______________________________ Datum: ______________

Übung 2 (Perfekt)

1. Unterstreiche das Verb gelb. Benutze ein Lineal.
2. Schreibe die Sätze ins Perfekt (zusammengesetzte Vergangenheit) um.
3. Unterstreiche mit einem Lineal das Verb im Perfekt gelb.

1. Die Friseurin schneidet dem Mädchen die Spitzen.
2. Mein kleiner Bruder ärgert mich oft.
3. Der Lehrer kommt zu spät zum Unterricht.
4. In den Ferien fahren wir an die Nordsee.
5. Die Klasse 4b geht ins Museum.
6. Yeliz und Otto freuen sich sehr auf die Herbstferien.
7. Ich esse zwei Stücke Kuchen.
8. Die Katze schläft auf dem Sofa.
9. Wir machen eine Nachtwanderung.
10. Du spielst in der Pause mit vielen Kindern.

____

____

____

____

____

____

____

____

____

____

____

____

Name: ______________________ Datum: ______________

Übung 3 (Sätze im Perfekt formulieren)

1. Bilde sinnvolle Sätze. Verbinde immer drei Satzteile, die zusammenpassen, in der gleichen Farbe.
2. Schreibe die Sätze ins Perfekt (zusammengesetzte Vergangenheit) um. Schreibe in dein Heft.
3. Unterstreiche das Perfekt (zusammengesetzte Vergangenheit) gelb. Benutze ein Lineal.

Wir	laufe	seinen Kakao.
Ronja und Jakob	freuen	uns auf den Urlaub.
Ich	schreibt	gerne durch den Wald.
Lisa	spielen	am großen Knochen.
Paul	gehen	einen Aufsatz.
Alle	knabbert	nach Hause.
Viele Mädchen	trinkt	in der Hofpause zusammen.
Der Hund	fahren	auf einen Ponyhof.

Name: ______________________ Datum: ______________

Übung 3 (Sätze im Perfekt formulieren)

1. Kreise zwölf Verben aus dem Kasten ein.
2. Bilde mit diesen Verben zwölf Sätze im Perfekt (zusammengesetzte Vergangenheit).
3. Unterstreiche das Perfekt gelb. Benutze ein Lineal.

helfen	schwimmen	fressen	sehen	singen
spielen	turnen	rennen	lachen	malen
sitzen	fliegen	flüstern	rechnen	klettern
sagen	schreien	trinken	springen	schreiben

BVK • Sonja Schneider / Katja Zigan: Grammatikprofi Band 2

Name: ______________________ Datum: ______________

Übung 4 (Perfekt)

1. In dem Suchsel sind 16 Verben im Infinitiv (Grundform) versteckt. Markiere sie farbig. Suche → und ↓. Die Verben im Kasten helfen dir.

C	R	E	N	N	E	N	B	Q	S	F	H	G	J	F
D	X	U	K	H	Ü	P	F	E	N	K	E	F	L	I
E	Ü	B	W	I	R	K	E	N	M	R	L	A	V	N
N	M	H	Y	D	F	G	H	R	K	E	F	N	A	D
K	A	S	P	R	I	N	G	E	N	D	E	G	P	E
E	L	W	T	R	A	G	E	N	P	E	N	E	J	N
N	E	Q	Z	P	X	H	P	S	B	N	R	N	C	T
Q	N	Y	L	Ä	U	T	E	N	C	V	S	E	I	N
C	Ü	J	K	M	N	D	G	Z	W	E	I	N	E	N
S	T	A	U	N	E	N	X	T	U	R	N	E	N	Ä

finden, staunen, rennen, fangen, wirken, denken, springen, turnen, helfen, tragen, weinen, malen, läuten, hüpfen, reden, sein

2. Wähle drei Verben aus und fülle die Tabelle im Perfekt (zusammengesetzte Vergangenheit) aus.

	rennen			
ich	bin gerannt			
du	bist gerannt			
er, sie, es	ist gerannt			
wir	sind gerannt			
ihr	seid gerannt			
sie	sind gerannt			

BVK • Sonja Schneider / Katja Zigan: Grammatikprofi Band 2

Name: ______________________________ Datum: ____________________

Übung 4 (Perfekt)

1. In dem Suchsel sind 16 Verben im Infinitiv (Grundform) versteckt.
   Suche → und ↓ . Markiere sie farbig.

E	L	T	W	I	N	K	E	N	S	J	H	G	L	R
S	S	D	Q	H	E	L	F	E	N	B	A	K	A	S
S	P	E	L	F	H	A	B	E	N	W	L	X	U	C
E	I	N	P	S	Y	C	B	T	M	J	T	Q	F	H
N	E	K	K	E	W	R	E	D	E	N	E	B	E	W
V	L	E	L	I	Z	S	F	G	H	J	N	L	N	I
Q	E	N	B	N	R	B	R	I	N	G	E	N	J	M
H	N	C	M	A	L	E	N	K	L	E	M	R	G	M
H	U	M	P	E	L	N	Z	S	T	E	H	E	N	E
J	W	X	Y	S	C	H	R	E	I	B	E	N	K	N

2. Zeichne mit Bleistift und Lineal eine Tabelle in dein Heft.
   Schreibe die 16 Verben mit Personalpronomen in die Tabelle.

Beispiel:

Verben	Präteritum	Perfekt
essen	ich aß	ich habe gegessen
	du	du
	er	er
	sie	sie
	es	es

3. Wähle zehn Verben mit Personalpronomen und bilde eigene Sätze im Perfekt (zusammengesetzte Vergangenheit). Schreibe sie in dein Heft.

BVK • Sonja Schneider / Katja Zigan: Grammatikprofi Band 2

Name: ______________________ Datum: ______________

Übung 1 (Präteritum und Perfekt)

1. Unterstreiche die Verben im Präteritum (einfache Vergangenheit) (20) gelb. Benutze ein Lineal.

Laternen basteln

Wie jedes Jahr im November bastelten die Kinder der Grundschule Rabenstein Laternen.

In diesem Jahr kleisterten sie ihre Laternen.

Der Klassenlehrer Herr Bierbach besorgte die kleinen Schüsseln, die Luftballons, das Transparentpapier sowie die Pappe und rührte den Kleister an.

Aufgeregt saßen die Kinder auf ihren Plätzen.

Zuerst bliesen die Kinder ihren runden Luftballon auf. Danach rissen sie das weiße Transparentpapier in Stücke. Anschließend holten sie sich den Kleister aus dem Eimer und füllten ihn in einen Becher. Dann arbeitete die ganze Klasse.

Sie strichen den Kleister auf den Ballon und auf das Transparentpapier.

Herr Bierbach sagte, dass es mindestens drei Schichten Transparentpapier sein müssen.

Schnell beklebten die Kinder alle Luftballons mit Transparentpapier.

Danach trockneten die Ballons einige Tage auf der Fensterbank.

Herr Bierbach schnitt die Kleisterballons auf. An der Öffnung befestigten die Kinder weiße Krepppapierstreifen in verschiedenen Längen. Zudem bekamen die Kleisterballons Haare.

Zum Schluss schnitten die Kinder Augen, Nase und Mund aus schwarzem Fotokarton aus. Sie klebten Gesichter auf die Ballons und hängten ihre fertige Gespensterlaterne an die Wäscheleine.

2. Schreibe die Verben im Präteritum untereinander in dein Heft. Schreibe das Perfekt daneben. Das Beispiel hilft dir.

Beispiel:

1. sie bastelten – sie haben gebastelt

2. ...

Name: ____________________ Datum: ____________

Übung 1 (Präteritum und Perfekt)

1. Unterstreiche die 16 Verben gelb. Benutze ein Lineal.
2. Schreibe den Text ins Perfekt (zusammengesetzte Vergangenheit) um. Schreibe in dein Heft.
3. Unterstreiche das Perfekt gelb. Benutze ein Lineal.

Das Sommerfest

Wie jedes Jahr vor den Ferien planten die Kinder der Klasse 3b ein Sommerfest. Dazu schrieben sie Einladungen an ihre Eltern und überlegten sich das Programm. Einige Kinder übten lustige Gedichte, andere studierten ein Theaterstück ein. Mit ihrer Lehrerin Frau Müller probten sie viele Sommerlieder. Außerdem bereitete Frau Müller ein Bastelangebot vor. Endlich war es so weit: Die Kinder kamen mit ihren Eltern zum Fest. Jeder brachte etwas zu essen mit. Die Klasse führte ihr Programm auf. Anschließend spielten die Kinder oder bastelten ein Fensterbild. Am Ende sangen alle zusammen die Sommerlieder. Es gefiel allen sehr gut. Leider war das Fest viel zu schnell zu Ende.

4. Ordne zehn Verbformen im Präteritum (einfache Vergangenheit), Perfekt (zusammengesetzte Vergangenheit) und Infinitiv (Grundform) in die Tabelle ein.

Präteritum	Perfekt	Infinitiv
planten	haben geplant	planen

Name: ______________________ Datum: ______________

Übung 2 (Präteritum und Perfekt)

1. Steht der Satz im Präteritum (einfache Vergangenheit) oder im Perfekt (zusammengesetzte Vergangenheit)? Kreuze an und unterstreiche die Verben mit einem Lineal gelb.

	Präteritum	Perfekt
Leo ist ins Schwimmbad gegangen.		
Mama hat Papa vom Bahnhof abgeholt.		
Lisa kaufte sich ein neues Buch.		
Toni hat mit seinen Freunden Fußball gespielt.		
Die Katze saß auf meinem Stuhl.		
Familie Meier ist in den Urlaub gefahren.		
Mein Bruder ärgerte mich.		
Die Klasse 4a hat einen Ausflug gemacht.		
In der Bücherei gab es eine Buchausstellung.		
Im Radio liefen tolle Lieder.		
Opa hat eine Fahrradtour mit uns gemacht.		
Tina wünschte sich eine CD zum Geburtstag.		
Die Kinder teilten sich die Süßigkeiten.		
Nach der Schule sind wir zur Eisdiele gegangen.		
Max war der schnellste Läufer der Schule.		
Die Lehrer haben einen Wandertag für alle Kinder geplant.		

2. Schreibe nur die Verben im Präteritum auf die Linien. Schreibe das passende Verb im Perfekt dazu.

kaufte sich – hat sich gekauft

Name: ________________________ Datum: ______________

Übung 2 (Präteritum und Perfekt)

1. Steht der Satz im Präteritum (einfache Vergangenheit) oder Perfekt (zusammengesetzte Vergangenheit)? Kreuze an und unterstreiche die Verben mit einem Lineal gelb.

	Präteritum	**Perfekt**
Hattest du gestern Klavierunterricht?		
Die Sonne schien den ganzen Tag.		
Ich habe mich zum Turnen umgezogen.		
In den Ferien aß ich jeden Tag ein Eis.		
Familie Schulze hat einen Ausflug gemacht.		
Unsere Nachbarn sind in den Urlaub geflogen.		
Die Blumen im Garten sind alle verwelkt.		
Der Hund bellte den Postboten an.		
Mein Fahrrad hatte einen Platten.		
Tante Ulla bastelte eine Kette für mich.		
Wir sind durch den Wald gelaufen.		
Die Bücherei hat neue Bücher gekauft.		
Im Winter schneite es oft.		
Leonie schrieb eine Geschichte über Delfine.		
Die Viertklässler haben die Fahrradprüfung gemacht.		

2. Schreibe nur die Verben im Präteritum auf die Linien. Schreibe das passende Verb im Perfekt dazu.

hattest – hast gehabt ______________________

______________________ ______________________

______________________ ______________________

______________________ ______________________

3. Wähle fünf Verben im Präteritum. Schreibe zu jedem Verb einen Satz in dein Heft. Schreibe die Sätze dann ins Perfekt um.

Beispiel:

Gestern aß ich eine ganze Wassermelone.

Gestern habe ich eine ganze Wassermelone gegessen.

Name: ______________________________ Datum: ______________

Übung 1 (Infinitiv, Präsens, Präteritum und Perfekt)

1. Es gehören immer vier Formen zusammen.
   Male die Kästchen aus: Infinitiv (Grundform): gelb; Präsens (Gegenwart): lila; Präteritum (einfache Vergangenheit): blau; Perfekt (zusammengesetzte Vergangenheit): hellblau.
2. Trage die Verben richtig in die Tabelle ein.

ich bade | wir sind geschwommen | er schrieb | du putzt

es hat geregnet | sie malte | kommen | ich badete

ihr kamt | putzen | es regnet | er hat geschrieben

schreiben | schwimmen | du hast geputzt | es regnete

sie lieferten | sie malt | ihr seid gekommen | wir schwimmen

du putztest | sie haben geliefert | baden | er schreibt

wir schwammen | ihr kommt | sie liefern | liefern

malen | ich habe gebadet | regnen | sie hat gemalt

Infinitiv	Präsens	Präteritum	Perfekt

Name: ______________________________ Datum: ____________________

Übung 1 (Infinitiv, Präsens, Präteritum und Perfekt)

Fülle die Tabelle aus. Achte auf die richtigen Personalpronomen in jeder Zeile.

Infinitiv (Grundform)	Präsens (Gegenwart)	Präteritum (einfache Vergangenheit)	Perfekt (zusammengesetzte Vergangeheit)
spielen	ich spiele	ich spielte	ich habe gespielt
		du sprachst	
	er rennt		
			sie hat gegeben
trinken	es		
		wir fuhren	
	ihr lacht		
			sie sind gelaufen
tauchen		wir	
		ich erzählte	
	du siehst		
			er ist gesprungen
fliegen		sie	
	es scheint		
			wir haben gegessen
lesen	ihr		
		sie logen	
			ich habe gewaschen
schneiden		du	
	er flüstert		
			sie ist gestürzt
		es stand	

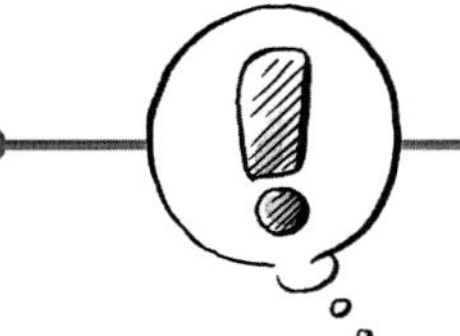

Futur (Zukunft)

Das **Futur** (Zukunft) **beschreibt Ereignisse und Handlungen,** die **in der Zukunft geschehen** werden.

Bildung des Futurs:
Das Futur wird aus einer Form von „werden“ und dem Infinitiv (Grundform) des Verbs gebildet:

		gehen
Singular	1. Person	ich **werde** gehen
	2. Person	du **wirst** gehen
	3. Person	er **wird** gehen
	3. Person	sie **wird** gehen
	3. Person	es **wird** gehen
Plural	1. Person	wir **werden** gehen
	2. Person	ihr **werdet** gehen
	3. Person	sie **werden** gehen

Name: ______________________ Datum: ______________

Übung 1 (Futur)

1. Verbinde die passenden Verbformen mit einem Lineal.
2. Schreibe sie zusammen auf die Linien.

ich schreibe	du wirst malen
du malst	sie wird schwimmen
er findet	ihr werdet sagen
sie schwimmt	ich werde schreiben
es regnet	sie werden rufen
wir gehen	er wird finden
ihr sagt	wir werden gehen
sie rufen	es wird regnen

ich schreibe – ich werde schreiben

Name: ______________________ Datum: ____________

Übung 1 (Futur)

1. Schreibe die passende Verbform im Futur (Zukunft) dazu.
   Achtung: Das Futur besteht immer aus zwei Teilen!

ich schreibe ich werde schreiben

du wartest ______________________

er geht ______________________

sie sitzt ______________________

es fährt ______________________

wir spielen ______________________

ihr schafft ______________________

sie rennen ______________________

2. Suche dir zwei Verben von Aufgabe 1 aus. Trage sie in die Tabellen ein.
   Ergänze die fehlenden Verbformen.

	Präsens (Gegenwart)	**Futur (Zukunft)**
ich		
du		
er, sie, es		
wir		
ihr		
sie		

	Präsens (Gegenwart)	**Futur (Zukunft)**
ich		
du		
er, sie, es		
wir		
ihr		
sie		

Name: ______________________________ Datum: ______________

Übung 2 (Futur)

1. Unterstreiche die Verben im Futur (Zukunft) (6) gelb. Benutze ein Lineal.
   Achtung: Das Verb besteht immer aus zwei Teilen!

   Charlotte überlegt, was sie am Wochenende alles machen kann:

   Ich werde mein Zimmer aufräumen.

   Ich werde mit meinem kleinen Bruder spielen.

   Ich werde meine Freundin anrufen.

   Ich werde Fahrrad fahren.

   Ich werde meinen Opa besuchen.

   Ich werde lange schlafen.

2. Was macht Paul am Wochenende? Schreibe eigene Sätze.
   Unterstreiche die Verben im Futur gelb. Benutze ein Lineal.

Tennis spielen	schwimmen gehen	ein Buch lesen
mit Mama einkaufen gehen	Tornister aufräumen	einen Film anschauen
Hausaufgaben machen		Plätzchen backen

Paul schreibt:

Ich werde Tennis spielen.

Name: ______________________ Datum: ______________

Übung 2 (Futur)

1. Unterstreiche die Verben im Futur (Zukunft) (6) gelb. Benutze ein Lineal.
   Achtung: Das Verb besteht immer aus zwei Teilen!

   Familie Wagner plant einen Ausflug ans Meer.

2. Verbinde und schreibe dann ganze Sätze im Futur in dein Heft.
   Unterstreiche die Verben im Futur gelb. Benutze ein Lineal.

ich	Plätzchen backen
du	Fußball spielen
Moritz	Fahrrad putzen
wir	Ausflug machen
ihr	spazieren gehen
die Kinder	Brief schreiben

Name: ______________________ Datum: ______________

Übung 3 (Verben im Futur einsetzen)

1. Setze die richtige Form von *werden* ein.

werden	wird	werdet	werde	werden	wirst

Ich ______________ am Montag ins Kino gehen.

Du ______________ am Dienstag deine Oma besuchen.

Er / Sie ______________ am Mittwoch eine Deutscharbeit schreiben.

Wir ______________ am Donnerstag einen Kuchen backen.

Ihr ______________ am Freitag ins Museum fahren.

Sie ______________ am Samstag und Sonntag im Garten arbeiten.

2. Setze die Verben im Futur (Zukunft) ein.
   Achtung: Das Futur besteht immer aus zwei Teilen!

3. Unterstreiche die Verben im Futur gelb. Benutze ein Lineal.

Ich ______________ am Nachmittag ein Buch ______________ . (lesen)

Du ______________ morgen schwimmen ______________ . (gehen)

Er ______________ nächstes Jahr ein neues Fahrrad ______________ . (bekommen)

Sie ______________ im Sommer in den Urlaub ______________ . (fahren)

Es ______________ am Abend ______________ . (regnen)

Wir ______________ übermorgen Onkel Michael ______________ . (besuchen)

Ihr ______________ bald eine Klassenarbeit ______________ . (schreiben)

Sie ______________ nächste Woche ein Fest ______________ . (feiern)

Name: ______________________ Datum: ______________

Übung 3 (Verben im Futur einsetzen)

1. Setze die richtige Form von *werden* ein.
2. Unterstreiche die Verben im Futur (Zukunft) gelb. Benutze ein Lineal.

Max wird am Nachmittag Fußball spielen.

Ich ______________ nachher meine Hausaufgaben machen.

Aylin und Anton ______________ in die Bücherei gehen.

Wir ______________ einen Kuchen backen.

Laura ______________ in den Ferien zu ihrer Oma fahren.

Du ______________ morgen zum Zahnarzt gehen.

Ihr ______________ nicht pünktlich kommen.

Sie ______________ um halb fünf ankommen.

Ich ______________ jeden Tag Geige üben.

Du ______________ am Wochenende eine Einladung bekommen.

3. Schreibe eigene Sätze auf die Linien.

4. Unterstreiche die Verben im Futur gelb. Benutze ein Lineal.

Am Montag ______________________________________.

Am Dienstag ______________________________________.

Am Mittwoch ______________________________________.

Am Donnerstag ______________________________________.

Am Freitag ______________________________________.

Am Samstag ______________________________________.

Am Sonntag ______________________________________.

Morgen ______________________________________

Nächste Woche ______________________________________

Nächstes Jahr ______________________________________

Name: ______________________ Datum: ______________

Übung 4 (Futur)

1. In dem Suchsel sind 16 Verben im Infinitiv (Grundform) versteckt. Markiere sie farbig. Suche → und ↓. Die Verben im Kasten helfen dir.

S	T	A	U	N	E	N	C	F	A	H	R	E	N	Y
X	S	E	I	N	V	S	C	H	R	E	I	B	E	N
R	B	K	G	R	S	P	R	E	C	H	E	N	T	R
E	T	F	K	B	X	G	X	H	E	L	F	E	N	K
N	U	B	A	P	H	N	M	A	L	E	N	J	K	F
N	R	V	U	K	L	I	N	G	E	L	N	P	Z	I
E	N	C	F	G	S	P	R	I	N	G	E	N	Q	N
N	E	F	E	H	D	R	U	C	K	E	N	X	W	D
Z	N	Z	N	X	K	L	D	E	N	K	E	N	F	E
S	C	H	L	A	F	E	N	Q	A	C	T	B	P	N

finden, staunen, rennen, schlafen, schreiben, denken, fahren, turnen, helfen, kaufen, drucken, malen, klingeln, springen, sein, sprechen

2. Wähle vier Verben von oben aus und fülle die Tabelle im Futur (Zukunft) aus.

ich				
du				
er, sie, es				
wir				
ihr				
sie				

Name: ______________________ Datum: ______________

Übung 4 (Futur)

1. In dem Suchsel sind 16 Verben im Infinitiv (Grundform) versteckt. Markiere sie farbig. Suche → und ↓.

Q	T	L	E	R	N	E	N	B	L	J	K	W	S	R
R	E	N	N	E	N	Z	M	A	L	E	N	I	L	T
K	L	H	F	K	W	R	T	V	N	Ä	B	S	A	K
S	S	L	B	T	R	I	N	K	E	N	X	S	U	A
P	I	E	V	F	M	Ä	H	E	N	G	J	E	F	U
I	N	S	D	S	C	H	L	A	F	E	N	N	E	F
E	G	E	W	S	P	R	I	N	G	E	N	L	N	E
L	E	N	X	D	G	H	W	L	Z	X	J	K	Y	N
E	N	H	F	S	C	H	A	U	E	N	V	M	H	G
N	Y	G	E	H	E	N	K	T	K	O	M	M	E	N

2. Zeichne mit Bleistift und Lineal eine Tabelle in dein Heft. Schreibe die 16 Verben mit Personalpronomen im Präsens (Gegenwart), im Präteritum (einfache Vergangenheit) und im Futur (Zukunft) in die Tabelle.

Beispiel:

Infinitiv	Präsens	Präteritum	Futur
lernen	ich lerne	ich lernte	ich werde lernen
	du	du	du
	er	er	er
	sie	sie	sie
	es	es	es

3. Wähle zehn Verben von oben mit Personalpronomen aus und bilde eigene Sätze im Futur. Schreibe sie in dein Heft.

Name: ______________________ Datum: ______________

Übung 5 (Futur)

1. Unterstreiche mit einem Lineal alle Verben im Futur (Zukunft) (13) gelb.
   Achtung: Das Verb besteht immer aus zwei Teilen!

In den Sommerferien werden wir Urlaub in Spanien machen. Mit dem Flugzeug werden wir nach Barcelona fliegen. Wir werden dort meine Tante Elli besuchen. Tante Elli wird ihren Geburtstag mit uns feiern. Was werden wir ihr bloß schenken? Wenn das Wetter schön ist, werden wir jeden Tag im Meer schwimmen.
Ich werde meine Freunde zu Hause bestimmt vermissen, aber ich werde ihnen ganz oft schreiben. Meine Eltern und ich werden viele Ausflüge machen. Abends werde ich spät ins Bett gehen. Meine Tante wird leckeres Essen kochen. Mein Onkel wird mit uns segeln gehen. Das wird ein toller Urlaub werden!

2. Schreibe die Verben im Futur in dein Heft. Schreibe das Personalpronomen dazu.

Schreibe so:
wir werden machen

Name: ______________________ Datum: ______________

Übung 5 (Futur)

Beim Erzählen verwendet man oft das Präsens (Gegenwart), obwohl man die Zukunft meint.

1. Unterstreiche im Text alle Verben im Präsens (10) gelb. Benutze ein Lineal.
2. Schreibe den Text dann im Futur in dein Heft.
3. Unterstreiche alle Verben im Futur gelb. Benutze ein Lineal.

Nächste Woche beginnen die Osterferien. Dann schlafe ich jeden Morgen ganz lange. Wir frühstücken ganz gemütlich und spielen. Ich gehe mit Mama in die Stadt. Am Osterwochenende suchen wir Eier. Danach gehen wir zu Oma und Opa zum Mittagessen. Mit meiner Freundin schaue ich einen Film im Kino.
Bei schönem Wetter machen wir eine Fahrradtour. Abends lese ich mein neues Buch.

BVK • Sonja Schneider / Katja Zigan: Grammatikprofi Band 2

Name: ________________________ Datum: ______________

Übung 1 (alle Zeitformen)

Schreibe die Verbformen in die richtige Spalte.

rühren	ich probiere	wiegen	wir haben gerührt
du hast probiert	ihr werdet rühren	du probiertest	ich rührte
ich habe gewogen	backen	er backt	er hat geknetet
du knetest	ich werde backen	es wiegt	er backte
ihr werdet kneten	er wog	kneten	wir werden probieren

Infinitiv (Grundform)

Präsens (Gegenwart)

Präteritum (einfache Vergangenheit)

Perfekt (zusammengesetzte Vergangenheit)

Futur (Zukunft)

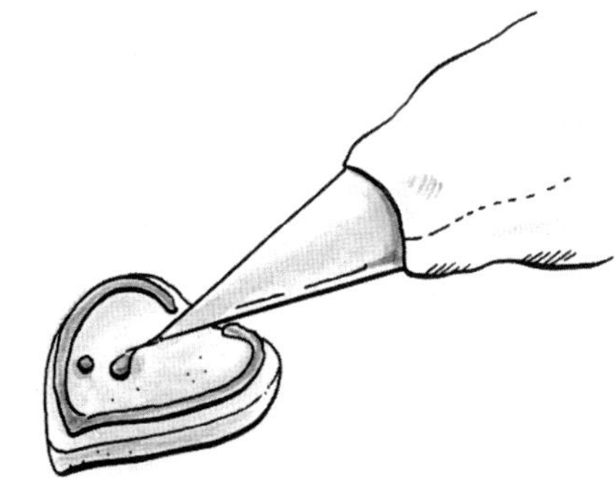

Name: ____________________ Datum: ____________

Übung 1 (alle Zeitformen)

Fülle die Tabelle aus.
Achte auf die richtige Personalform.

Infinitiv	Präsens	Präteritum	Perfekt	Futur
fahren	er fährt	er fuhr	er ist gefahren	er wird fahren
	ich gehe			
		es regnete		
			wir sind gewandert	
				du wirst kommen
spielen	ihr			
		sie schenkte		
				sie werden schweigen
			ich habe gesagt	
bleiben		du		
	ich renne			
			wir haben geübt	
hören			es	
	du trinkst			
		er las		
			ihr habt gedacht	

Name: ______________________ Datum: ______________

Übung 2 (alle Zeitformen)

1. Schreibe die Verben in den verschiedenen Zeiten auf.

sagen hören spielen

Präsens (Gegenwart)

ich ______________________

ich ______________________

ich ______________________

Präteritum (einfache Vergangenheit)

ich ______________________

ich ______________________

ich ______________________

Perfekt (zusammengesetzte Vergangenheit)

ich ______________________

ich ______________________

ich ______________________

Futur (Zukunft)

ich ______________________

ich ______________________

ich ______________________

2. Suche dir fünf Verbformen aus.
   Schreibe dazu jeweils einen Satz auf die Linien.

3. Unterstreiche die Verben gelb. Benutze ein Lineal.

4. Schreibe die Zeit hinter den Satz.
   Beispiel:

Ich habe am Wochenende meine neue CD gehört. (Perfekt)

____

____

____

____

____

____

Name: ______________________ Datum: ______________

Übung 2 (alle Zeitformen)

1. Schreibe die Verben in den verschiedenen Zeiten auf.
   Achtung: Es handelt sich hierbei um unregelmäßige Verben!
   Dein Wörterbuch kann dir helfen.

lesen (ich) essen (du) sehen (er) laufen (wir)

Präsens (Gegenwart)

ich ______________________

du ______________________

er ______________________

wir ______________________

Präteritum (einfache Vergangenheit)

ich ______________________

du ______________________

er ______________________

wir ______________________

Perfekt (zusammengesetzte Vergangenheit)

ich ______________________

du ______________________

er ______________________

wir ______________________

Futur (Zukunft)

ich ______________________

du ______________________

er ______________________

wir ______________________

2. Suche dir fünf Verbformen aus.
   Schreibe dazu jeweils einen Satz in dein Heft.

3. Unterstreiche die Verben gelb. Benutze ein Lineal.
   Schreibe die Zeitform hinter den Satz.

Beispiel:

Gerade läuft ein Eichhörnchen an meinem Fenster vorbei. (Präsens)

____

Name: ______________________________ Datum: ______________

Übung 3 (alle Zeitformen)

1. Unterstreiche die Verben gelb. Benutze ein Lineal.
2. Schreibe die Zeit hinter den Satz.
3. Schreibe den Satz dann in der angegebenen Zeit auf.

Beispiel:

Nico hat am Wochenende sein Schwimmabzeichen geschafft. (Zeit: Perfekt)

Präteritum: Nico schaffte am Wochenende sein Schwimmabzeichen.

Am Nachmittag machte Simon seine Hausaufgaben. (Zeit: ______________)

Futur: ______________________________

Familie Müller wird in den Ferien ans Meer fahren. (Zeit: ______________)

Perfekt: ______________________________

Im Kino läuft ein Film über Dinosaurier. (Zeit: ______________)

Präteritum: ______________________________

Merle las ein Buch zum Thema Weltraum. (Zeit: ______________)

Perfekt: ______________________________

Die Kinder der Klasse 4b siegten beim Staffellauf. (Zeit: ______________)

Präsens: ______________________________

Ihr werdet nach dem Mittagessen Besuch bekommen. (Zeit: ______________)

Präteritum: ______________________________

Die Sonne hat den ganzen Tag geschienen. (Zeit: ______________)

Präsens: ______________________________

Name: ______________________ Datum: ____________

Übung 3 (alle Zeitformen)

1. Schreibe mit Hilfe der Satzteile unten jeweils zwei Sätze in den verschiedenen Zeitformen auf die Linien.
2. Unterstreiche die Verben gelb. Benutze ein Lineal.

gestern	sehen	ich	einen Kuchen.
heute	backen	Mehmet	einen Brief.
morgen	schreiben	Lisa und Suse	in den Zoo.
nächste Woche	fahren	Familie Fröhlich	ein Meerschweinchen.
letztes Jahr	gehen	du	ins Theater.
am Mittwoch	bekommen	wir	einen Film.
am Wochenende	schwimmen	sie	im See.
am Nachmittag	machen	ihr	die Hausaufgaben.

Präsens (Gegenwart):

____

____

Präteritum (einfache Vergangenheit):

____

____

Perfekt (zusammengesetzte Vergangenheit):

____

____

Futur (Zukunft):

____

____

Memo-Spiel: Infinitiv – Präteritum

schlafen	schlief	essen	aß
sein	war	haben	hatte
pflücken	pflückte	putzen	putzte
waschen	wusch	hängen	hing
gucken	guckte	schreiben	schrieb
bekommen	bekam	verbessern	verbesserte
halten	hielt	blicken	blickte
sitzen	saß	lesen	las
hören	hörte	bauen	bauten

Memo-Spiel: Präteritum – Perfekt

ich sah	ich habe gesehen	du gingst	du bist gegangen
er war	er ist gewesen	es hing	es hat gehangen
sie saß	sie hat gesessen	wir wogen	wir haben gewogen
ihr fuhrt	ihr seid gefahren	sie flogen	sie sind geflogen
ich erzählte	ich habe erzählt	er maß	er hat gemessen
du machtest	du hast gemacht	sie fegte	sie hat gefegt
er zählte	er hat gezählt	ihr schwammt	ihr seid geschwommen
wir schliefen	wir haben geschlafen	du gucktest	du hast geguckt
ich schnitt	ich habe geschnitten	es zeigte	es hat gezeigt

BVK • Sonja Schneider / Katja Zigan: Grammatikprofi Band 2

Memo-Spiel: Infinitiv – Futur

strahlen	er wird strahlen	nähen	wir werden nähen
ansehen	ihr werdet ansehen	streichen	er wird streichen
packen	sie wird packen	rennen	ihr werdet rennen
aufwachen	du wirst aufwachen	wecken	ich werde wecken
kochen	sie werden kochen	backen	du wirst backen
essen	er wird essen	segeln	wir werden segeln
regnen	es wird regnen	antworten	ich werde antworten
fragen	sie wird fragen	rufen	sie werden rufen
telefonieren	du wirst telefonieren	fönen	sie wird fönen
gießen	ich werde gießen	schreiben	wir werden schreiben

BVK • Sonja Schneider / Katja Zigan: Grammatikprofi Band 2

Domino Infinitiv – Präsens

Start	gehen	du gehst	schreiben
wir schreiben	helfen	er hilft	erzählen
ihr erzählt	wünschen	sie wünscht	hören
ich höre	regnen	es regnet	fallen
du fällst	lesen	er liest	schwimmen
sie schwimmt	haben	ihr habt	träumen
wir träumen	leben	du lebst	hüpfen
ich hüpfe	essen	sie isst	fliegen
wir fliegen	backen	du backst	fahren
es fährt	geben	ich gebe	**Ende**

Domino Präsens – Präteritum

Start	du fängst	du fingst	er weint
er weinte	sie hört	sie hörte	wir schreiben
wir schrieben	ihr lest	ihr last	sie turnen
sie turnten	ich gehe	ich ging	es rollt
es rollte	wir rechnen	wir rechneten	es leuchtet
es leuchtete	er sitzt	er saß	ich esse
ich aß	sie mag	sie mochte	ihr gebt
ihr gabt	er läuft	er lief	**Ende**

Domino Infinitiv – Perfekt

Start	lernen	du hast gelernt	singen
er hat gesungen	tanzen	sie hat getanzt	schwimmen
wir sind geschwommen	einkaufen	ihr habt eingekauft	wandern
sie sind gewandert	bekommen	sie haben bekommen	fahren
du bist gefahren	rechnen	ich habe gerechnet	aufwachen
ihr seid aufgewacht	rennen	sie sind gerannt	basteln
du hast gebastelt	sitzen	ich habe gesessen	werfen
ihr habt geworfen	lügen	ich habe gelogen	tropfen
es hat getropft	steigen	er ist gestiegen	**Ende**

BVK • Sonja Schneider / Katja Zigan: Grammatikprofi Band 2